| 所属 | | 年　月 |

学籍番号　　　　　　　　氏名

Japanese Expressions

> 実践編　第1章　人を紹介する

【課題1】　テキスト5ページの設定で、あなたが野山君を紹介するとしたら、どのようなことを店長に話すとよいでしょうか。必要だと思う項目を挙げて下さい。また、その中で、野山君に聞いておいた方がよいと思う項目は、□にチェックを入れて下さい。

- ☐ _____
- ☐ _____
- ☐ _____
- ☐ _____
- ☐ _____

- ☐ _____
- ☐ _____
- ☐ _____
- ☐ _____
- ☐ _____

終わったら　5ページへ

【課題2】　テキスト6ページの〈例1〉〈例2〉を読んで、よい点と改善すべき点をそれぞれ指摘して下さい。

	よい点	改善すべき点
〈例1〉		
〈例2〉		

終わったら　7ページへ

所属　　　　　　　　　　　　　　　　　　　　　　　　　　年　　月　　日

学籍番号　　　　　　　　　　氏名

1
Japanese Expressions

> 実践編　第1章　**人を紹介する**

【課題3】　次のA・Bのどちらかを選んで挑戦してみましょう。

【A】〈友達の結婚式で、あなたが友人代表としてスピーチをする〉という設定で、その人の人柄を紹介しつつお祝いするスピーチを考え、□欄にその文章を書いて下さい。

【B】❶ 2人1組になり、ペアになった人をクラス内で紹介するための取材インタビューを行って下さい。
❷ 取材した内容をもとに、紹介するためのメモを□欄に作成して下さい。
❸ 紹介メモをもとに、グループで紹介し合いましょう。紹介が終わったら、紹介の仕方や内容について、グループで話し合いましょう。話し合いの中でもらった意見は□欄にメモしておきましょう。

取り組んだ課題に○を付けて下さい　【　A　・　B　】

終わったら　7ページへ

所属　　　　　　　　　　　　　　　　　　　年　　月　　日

学籍番号　　　　　　　　　氏名

2
Japanese Expressions

> 実践編　第2章　説明をする

【課題1】　あなたの学科（専攻・コース）のカリキュラムを1〜2分程度で説明してみましょう。科目の種類や、卒業に何単位必要か等の基本的な情報を説明するだけで結構です。同じ学科（専攻・コース）の新1年生40名を対象に説明するつもりで書いてみて下さい。また、説明を書く際に工夫した点も、必ず書くようにして下さい。

工夫した点

-
-
-

終わったら　8ページへ

所属	年　月　日
学籍番号　　　　　氏名	

実践編　第2章　説明をする

【課題2】　大井さんの説明は、かなりよい説明だと思います。**説明を受けた1年生になったつもりで、**「大井さんの説明のよい点と、もっと工夫できる点」を、できるだけ多く指摘して下さい。また、【課題1】で行った自分の説明と比べてみて、自分の説明のよい点と改善すべき点をまとめてみましょう。

大井さんの説明のよい点

大井さんの説明でもっと工夫できる点

自分の説明のよい点と改善すべき点

よい点

改善すべき点

終わったら 9ページへ

2　Japanese Expressions

所属

学籍番号　　　　　　　　　　氏名

年　　月　　日

2
Japanese Expressions

実践編　第2章　▷　説明をする

【課題3】　もう一度、【課題1】と同じ条件で、あなたの学科（専攻・コース）のカリキュラムを1～2分程度で説明してみましょう。

終わったら　10ページへ

所属 _____   年　月　日 _____

学籍番号 _____ 氏名 _____

実践編　第2章　▷　説明をする

2 Japanese Expressions

【課題4】　次のA・Bのどちらかを選んで挑戦してみましょう。

【A】　あなたが新1年生40人に、大学での授業履修に関する注意点（履修申請から単位修得完了まで）を説明するとしたら、どのように説明しますか。書いてみて下さい。　※注意点の具体的な内容等はそれぞれの大学の事情に合わせて下さい。

【B】　大学での授業履修に関する注意点（履修申請から単位修得完了まで）を整理するとしたらどのようになりますか。ペアで話し合ってまとめてみましょう。また、分かりやすい説明の仕方も考えてみましょう。

取り組んだ課題に○を付けて下さい　【　A　・　B　】

所属 _____   年　月　日 _____

学籍番号 _____   氏名 _____

3

Japanese Expressions

| 実践編　第3章 | 議事録をとる |

【課題1】　テキスト11～12ページの〈議事録例〉を参考にして、議事録を作成する際に記入しなければならない項目を挙げて下さい。

☐ _____　　☐ _____

☐ _____　　☐ _____

☐ _____　　☐ _____

☐ _____　　☐ _____

　　　　　　　　　　　　　　　　　　　　　　　　　　　　　　　　　　　　終わったら 📖 12ページへ

【課題2】　テキスト12～13ページの〈会議例1〉の内容について、重要な発言を抜き出し結論をまとめる形で議事録にまとめて下さい。

```
┌─────────────────────────────────────────────┐
│                                             │
│                                             │
│                                             │
│                                             │
│                                             │
│                                             │
│                                             │
└─────────────────────────────────────────────┘
```

　　　　　　　　　　　　　　　　　　　　　　　　　　　　　　　　　　　　終わったら 📖 13ページへ

【課題3】　次のA・Bのどちらかを選んで挑戦してみましょう。

【A】　トレーニングシート9～10ページの〈会議例2〉を読み、その会議内容についての議事録を、次ページの☐欄に作成して下さい。※議事録に必要な情報で、示されていない点については、自由に設定して下さい。

【B】　❶　トレーニングシート9～10ページの〈会議例2〉を読み、その会議内容についての議事録を、次ページの☐欄に作成して下さい。※議事録に必要な情報で、示されていない点については、自由に設定して下さい。

　　　　❷　ペアを組み、作成した議事録について、よい点や改善すべき点を話し合って下さい。もらったコメントを次ページの☐欄に書き込んで下さい。

7

所属	年　　　月　　　日
学籍番号	氏名

3
Japanese Expressions

実践編　第3章　議事録をとる

取り組んだ課題に○を付けて下さい　【　A　・　B　】

| 所属 | | 年　月　日 |

学籍番号　　　　　　　　氏名

3
Japanese Expressions

実践編　第3章　議事録をとる

〈会議例2〉

※2009年11月○日（水）18：00〜19：00
サークル会館会議室B517にて

議長：それでは、全員揃いましたので、サークル連合第4回理事会を始めます。今日の議題は2件です。いつものように、資料に基づいて進めていきます。では、1つ目の議題「サークル会館の使い方」の取り決め案について、取り決め案ワーキンググループ（WG）長の安斉さん、お願いします。

安斉：はい、WG長の安斉です。前回の理事会で、新しい取り決め案を作成することが決定し、WGで検討することになりました。WGでは、3回の会合を持ち、これまでの取り決めをもとに、配布資料1の通り、取り決め案を作成しました。資料1をご覧下さい。これまでの取り決めと大きく異なる点は、掃除をサークル持ち回りの当番制にした点と、サークル内に施設担当の係を置くようにした点です。サークル会館を使用する際の責任者を各サークルに設置することによって、責任の所在が明確になると考えました。よろしくお願いします。

議長：質問や意見があればお願いします。

横山：えー、そもそも、サークルは学生が自主的に運営するものであって、えー、このサークル連合理事会も、サークル代表が全員出席をし、三省大学のサークルに生ずる問題を、あの、自主的に解決するために設けられていますよね。ですから、えー、このような取り決めはとてもよいと思います。

議長：この取り決め案に賛成ということですね。他にいかがですか。

佐久間：あの、各サークルに係を置くのはよいと思いますが、掃除を当番制にする方は、曜日で割り振っていますよね。活動のない日に割り振られているサークルもあるので、掃除が負担になるのではないでしょうか。

田所：僕もそう思います。活動した後に使った場所を掃除する、というのが現実的だし、やりやすいと思うのですが。

議長：当番制について意見が出ていますが、他の方はいかがですか。

全員：田所君の意見に賛成です。（みんな頷いている）

議長：それでは、当番制については、使った後に使った場所を掃除する、という線で修正をお願いします。他にいかがですか。

浜口：細かい点なのですが、いくつか誤字があるようです。2ページ5行目の「施設」が「私設」になっているのと、最後のページの最後の行、日付が昨年度になっています。

安斉：あ、すみません。誤字などについてはもう一度WGで確認をします。ご指摘ありがとうございます。

議長：それでは、指摘のあった箇所を含め、誤字等についてはもう一度WGで確認をするということでお願いします。他にご意見はありませんか。では、当番制についての修正と誤字等の確認を行い、次回の理事会に再度案を提出していただく、ということでよろしいでしょうか。賛成の方は挙手をお願いします。はい、全員賛成ということですので、WGで再度検討をお願いします。

横山：あのー、すみません、ちょっとよろしいですか。

議長：はい、横山さん、何でしょうか。

横山：すみません、議題とは直接関係ないのですが、えーと、掃除用具なんかはどうするのでしょうか。

安斉：実は、WG内でもその点について意見が出まして、「取り決め案作成WG」ではあるのですが、取り決め案をお認めいただいた後、今ある掃除用具なども点検して、必要な掃除用具とその購入に必要な金額の案もお示ししたいと考えています。

議長：ありがとうございます。WGに掃除用具の整備についても案を提示していただく、ということでよろしいでしょうか。皆さん賛成とのことですので、WGでその点についても検討していただき、次回理事会でご提案をお願いします。

安斉：分かりました。ご指摘のあった点を再度検討し、また、掃除用具の整備についても案をお示しいたします。ありがとうございました。

議長：次の議題は、10月入学者に対するサークル勧誘について、サークル連合副代表の佐久間さん、お願いします。

佐久間：はい。三省大学では、今年度より10月入学が始まりましたが、今年は、10月入学者に対するサークル勧誘をサークル個々で行ったため、入学者になかなか情報がいかず、入った人も少ないという結果に終わりました。ですので、来年は、サークル全体で勧誘の場を設けるなど、計画的に行ってはどうか、という提案です。いかがでしょうか。

下川：10月に入学した人を個人的に知っているのですが、どんなサークルがあるのか情報が少なくて困ったという話をその人から聞きました。なので、サークル全体で計画的に勧誘の場を設けるという案に賛成です。

石川：えー、案に反対というわけではないのですが、10月に入学する学生は大学全体で何人くらいなんでしょうか。入学

次ページへ続く

| 所属 | 年 月 日 |

学籍番号　　　　　　　氏名

3
Japanese Expressions

> 実践編　第３章　**議事録をとる**

者の規模によって、どのような計画を立てるかも変わってくるように思うのですが。
佐久間：すみません、具体的な人数を調べていないのですが、全学部で実施されているわけではないので、4月入学者よりは少ないと思います。
田所：留学生や海外からの帰国子女の人が多いんですよね。うちの学部では留学生の下級生が一気に増えましたよ。
横山：へえー、そうなんですか。留学生の下級生って、どんな雰囲気なんですか。
議長：すみません、議題に戻りますがよろしいですか。他に御意見はありませんか。
安斉：提案には賛成です。ただ、具体化するには、先ほど質問にもあったように、もう少し具体的な調査も必要ですし、具体的な計画も立てなければいけませんから、これもWGを立ち上げた方がよいのではないでしょうか。
全員：賛成。（みんな頷いている）
議長：皆さん、10月入学者向けにサークル全体で勧誘イベントを企画することに賛成ということでよろしいですね。また、この案件についてもWGを立ち上げる、ということでよろしいですね。では、WGのメンバーを決めたいと思います。現在、サークル会館の使用方法についての取り決め案WGのメンバーとして、えー、安斉さん、井川さん、細井君、鳥山君、山田さん、この5人はすでに別のWGメンバーですので、それ以外の方で、どなたかお願いできないでしょうか。
佐久間：はい、私は提案者ですのでやらせてもらいます。
議長：佐久間さん、お願いします。あと、4名程度でしょうか。どなたかいかがでしょうか。
石川：はい、私やります。
下川：僕もやります。
議長：石川さん、下川君、お願いします。あと2人、どなたか……。田所君、横山さん、お願いできませんか。
田所：はい、やらせてもらいます。
横山：えーと、私でいいんでしょうか……。なら、お引き受けします。
議長：ありがとうございます。それでは、佐久間さん、石川さん、下川君、田所君、横山さん、の5名ということで、WG長は、提案者の佐久間さんにお願いする、ということでよろしいでしょうか。
全員：賛成です。
議長：では、10月入学者向けの勧誘について、WGの皆さん、よろしくお願いします。来年の10月にはまだ間がありますので、慌てることはないのですが、初めてのことですので、次回の理事会では、入学定員等の基礎データや今年度の実施状況等の調査結果の報告、それから今後のスケジュール案を提案して下さい。
佐久間：はい、分かりました。すみません、連絡事項なのですがよろしいですか。WGの方、この会議終了後、会合の日程を決めたいので、この場に残って下さい。
議長：はい、以上で、本日予定していた議題は終了です。他に何かございませんか。ないようでしたら、次回会議は、12月15日水曜日の18時から、場所は今日と同じサークル会館会議室B517で行いますので、よろしくお願いします。ありがとうございました。（終了）

所属 _____　　　年　月　日

学籍番号 _____　氏名 _____

4
Japanese Expressions

> 実践編　第4章　　手帳でスケジュール管理を行う

【課題1】　人形劇サークルの先輩である南さんから〇〇年5月10日（月）の昼休みに、テキスト14〜15ページにあるような電話がかかってきました。この電話を受けたとき、その場でどのようなことを自分の手帳に書き込んだらよいでしょうか。下記の手帳の欄に書いてみましょう。電話を受けながら書くという設定なので、短時間で書いて下さい（書き方は必要に応じ、略号・マーク等を使って簡略化しても構いません）。

5月		5月
10日 (Mon)		17日 (Mon)
11日 (Tue)		18日 (Tue)
12日 (Wed)		19日 (Wed)
13日 (Thu)		20日 (Thu)
14日 (Fri)		21日 (Fri)
15日 (Sat)		22日 (Sat)
16日 (Sun)		23日 (Sun)

終わったら　15ページへ

【課題2】　電話を受けたその場で【課題1】の解答のような書き込みを行った後、時間ができた際に手帳の書き込みの整理・内容の追加を行う必要があります。上の手帳の欄に書き加えて下さい。

終わったら　16ページへ

所属　　　　　　　　　　　　　　　　　　　　　　　　年　　月　　日

学籍番号　　　　　　　　　　氏名

4
Japanese Expressions

| 実践編　第4章 | 手帳でスケジュール管理を行う |

【課題3】　スケジュール管理に関し、小型手帳・大型手帳・ノート・携帯電話のスケジュール帳機能・電子手帳・パソコンのスケジュール管理ソフト等、各種スケジュール管理手段の、それぞれの長所・短所を考えて書いて下さい。また、それをふまえ、自分に合ったスケジュール管理の組み合わせを検討し書き加えて下さい。

各種スケジュール管理手段の、それぞれの長所・短所

自分に合ったスケジュール管理の組み合わせ

終わったら　16ページへ

【課題4】　手帳・スケジュール管理について、テーマを出し合って話し合いや情報交換を行い、以下に記録して下さい。

所属	年　　月　　日
学籍番号　　　　　氏名	

5
Japanese Expressions

> **実践編　第5章** 　上手な意見交換の方法を学ぶ

【課題1】　テキスト17ページの文章を読み終わった人は、次の指示に従って課題に取り組んで下さい。まず、ペアを作って、葉月君役（A）と、文章を訂正する役（B）を決めて下さい。次に、Aの人がBの人に文章を見てもらいたいとお願いし、Bの人は、実際にこの文章の悪いところや分かりにくいところを指摘して下さい。この作業が終わったら、Aの人もBの人も、上手な意見交換をするために、各々の立場で配慮したことを、それぞれ少なくとも3つは書いてみて下さい。書き終わったら、役割を交代して同じ作業をして下さい。※1人でこのテキストを読んでいる人は、AとBの役をしたつもりで書いてみて下さい。

葉月君役（A）の人：依頼をするときに配慮したこと

-
-
-

文章を訂正する役（B）の人：文章を訂正するときに配慮したこと

-
-
-

終わったら　📖18ページへ

実践編　第5章　上手な意見交換の方法を学ぶ

【課題2】　大富さんと池上君は、ほぼ同じ箇所に注目していますが、結果として、葉月君と池上君は上手な意見交換ができているとは言えません。この〈例1〉と〈例2〉の違いが、上手な意見交換ができるか否かの分かれ道と言えそうです。それでは、〈例1〉と〈例2〉を参考に、「文章の訂正を受けるときに配慮するべきこと」と「人の文章を訂正するときに配慮するべきこと」を検討し、それぞれ少なくとも3つは書いてみて下さい。

文章の訂正を受けるときに配慮するべきこと

-
-
-

人の文章を訂正するときに配慮するべきこと

-
-
-

終わったら 19ページへ

所属 _____　　　　　　　　　　年　　月　　日

学籍番号 _____　氏名 _____

6
Japanese Expressions

実践編　第6章　文章を読解する

【課題1】　次のA・Bのどちらかを選んで取り組んで下さい。
【A】　次の❶〜❺の場合について、それぞれどのような読み方が適切かを挙げて下さい。
【B】　次の❶〜❺の場合について、グループで話し合い、どのような読み方が適切かを挙げて下さい。

取り組んだ課題に○を付けて下さい　【　A　・　B　】

❶　レポート作成のために図書館で候補となりそうな本を複数探し出したが、その中で、自分のテーマに沿った本を見極めて借りたい場合。

❷　演習の準備で必要な事項について調べていたところ、ある本の中に、その事項について書かれている箇所があることが分かった。その本のどこに書かれているか知りたい場合。

❸　卒業論文のテーマを探すために入門書や概説書を読んでみる場合。

❹　ある論文の内容について自分の考えを述べるという課題のレポートのために、その論文を読む場合。

❺　講読の授業の予習でテキストを読む場合。

終わったら　20ページへ

【課題2】　トレーニングシート17〜18ページの文章について、17ページ上段の〈例〉のように、文章の構成を分析し、〈例〉の□欄のように内容をまとめて、16ページに書き出して下さい。

【課題3】　【課題2】で読んだ文章について、疑問に思った点等があれば挙げて下さい。

所属		年　　月　　日
学籍番号	氏名	

6
Japanese Expressions

実践編　第6章　文章を読解する

【課題2】記入欄

テーマは：

結論・主張は：

終わったら 22ページへ

所属	年　月　日	6
学籍番号　　　　　氏名		Japanese Expressions

実践編　第6章　文章を読解する

【課題2】〈例〉

　<u>子どもに携帯を持たせるべきかどうか</u>、議論のあるところである。
　　テーマ

　<u>たしかに</u>、子どもを狙った犯罪が相次ぐ昨今では、<u>子どもの安全を確保するために携帯を持たせることは有効であろう</u>。
　　　　　　　　　　　　　　　　　　　　　　携帯を持たせる理由

　<u>しかし</u>、<u>携帯を媒介とした犯罪に巻き込まれる事件が相次いでいることは、重大な問題であると考えられる</u>。
　逆接　　　携帯を持たせない理由

　<u>よって</u>、現時点では、<u>子どもに携帯を持たせることには反対である</u>。
　順接　　　　　　　　結論・主張

子どもに携帯を持たせるべきかどうか［テーマ］
［たしかに］　子どもの安全確保のためには携帯所持は有効
［しかし］　　携帯を媒介とした犯罪に巻き込まれるのは重大な問題［結論・主張の根拠］
［よって］　　子どもに携帯を持たせることには反対［結論・主張］
テーマは：<u>子どもに携帯を持たせるべきかどうか</u>　　結論・主張は：<u>子どもに携帯を持たせることには反対である</u>

【課題2】文章

　彼女は決断を迫られている。自分の夫を殺したかもしれない男に追われ、大使館員に助けを求めるが、夫の隠し財産を大使館員に渡してしまう寸前、追ってきた男の「もう一度だけ僕を信じて」という言葉に心が揺れる。映画「シャレード」のクライマックス・シーンだ。追われているのはオードリー・ヘプバーン。追ってきた男がケーリー・グラントだと知っている観客は、「こっちを信じろ！」と心の中で叫んでしまうのだが、映画の中の彼女には、グラントを信じる根拠が欠けている。それどころか、彼は疑うに足る不審なふるまいを重ねており、〈大使館〉という権威を背負っているバーソロミュー氏という人物の方が、ずっと信頼に値するように感じられる。ところがグラントが、「信じてもらえる理由は何もないけれど、とにかく信じて」と呼びかけると、彼女の心は傾き、それをきっかけに、大使館員と称する男の方の化けの皮が剥がれるのである。

　信用・信頼は多くの場合、それに値する過去の実績と、裏切られた際のサンクション(注)を暗黙裡に前提している。「あいつは信用できる」と言うからには、過去において信頼するに足ると思われる行為がなされたのであろうし、親が子供に「信用してるから」と言うときには、裏切ったら大変なことになるぞ、という脅しがちらついている。これは個人に限ったこと

実践編 第6章　文章を読解する

ではなく、制度や社会システムにも等しくあてはまる。英語の〈信用trust〉はまた〈信託〉の意味も持つが、この信託は受託者である信頼を与えられる者に多くの義務とサンクションを課している。そして、イングランドにおける信託の発展史からは、受託者の誠実（信頼に応えること）は、具体的で日常的な規範の担い手たる社会共同体によって、中世以来、監視され保証されてきたことが分かる。

このため、私たちはふつう「なぜ信頼したのか」という問いに対しては、事後的に理由を挙げることができる。その意味で、信頼は一定の思慮の上に成り立っており、いわば信頼にはあらかじめ〈保険〉がかけられていると言える。

だが、見方をかえると信頼はつねに未来の不確実性と関わっていると言うこともできる。絶対に確実な未来が存在するならば、信頼するかしないかという問い自体生まれえないだろう。また、不確実性が比較的小さいと知覚される場合にも、信頼問題は先鋭化しない。信じるか／信じないか、というしかたで問題になる以上、信頼は不信の対極にあるというよりは、むしろ不信と隣り合わせになっている。言いかえれば、信頼と不信は、ともに不確実性の知覚を前提とする態度表明なのである。冒頭の悩めるオードリーのように、人は信／不信の決断を迫られ、どちらを選び取るかの岐路に立たされるのだ。そして、あのシーンがクライマックスとなりえたのは、信頼に足る根拠があまりにも不足しているため、理性的な比較考量によっては到底たどり着けそうにない結末へと、彼女が飛び込んでゆくからである。この意味で、信頼とは一つの〈賭け〉である。

保険をかけられた信頼は、過去の実績と未来のサンクションを動員して不確実性を最小化しようとする。それに対して賭けとしての信頼は、実績やサンクションが欠如していること自体をばねに不確実な未来に身を投げ出そうとする。そのため、両者は一見相対立する決断と行為のあり方のように見える。しかし、前もっていくら多くの保険をかけ根拠を数え上げたとしても、〈客観的な〉根拠に基づき自ずから信頼が生まれてくることはありえない。つまり、あらゆる信頼はその最後の一歩として、決断の瞬間、賭けの要素を必要としている。人はどこかで、根拠を探り情報を集め、よりよく知ることを中断し、目の前の相手に自らを投げ出す覚悟を決めなければならない。

（注）ここでは制裁・罰のこと。

（重田園江　1998「信用・信頼」『岩波　新・哲学講義6　共に生きる』（岩波書店）による）

| 所属 | | 年 月 日 |

| 学籍番号 | 氏名 |

7
Japanese Expressions

> 実践編　第7章　文章を要約する

【課題1】 テキスト23～25ページの〈文章1〉について、次の手順で500字以内の要約文を作成して下さい。

❶　6章で行った方法で、文章の構成をつかみながら、ノート等に、段落ごとに要点を書き出して下さい。

❷　❶をもとに、下欄に要約文を作成して下さい。

終わったら　25ページへ

| 所属 | 年 月 日 |

学籍番号　　　　　　　　　氏名

7
Japanese Expressions

実践編　第7章　文章を要約する

【課題2】 2-1 記入欄（【課題2】は21ページ参照。）

コメント記入欄

| 所属 | | 年　月　日 |

学籍番号　　　　　　　　　　氏名

7
Japanese Expressions

> 実践編　第7章 ▶ 文章を要約する

【課題2】　次のA・Bのどちらかを選んで挑戦してみましょう。
【A】　2-1　以下の〈文章2〉について、トレーニングシート20ページの原稿用紙に400字以内の要約文を作成して下さい。
　　　2-2　2-1で作成した400字の要約文を、さらに200字以内の要約文にして下さい（別紙に記入して下さい）。
【B】　2-1　【A】を行って下さい。
　　　2-2　ペアになり、作成した要約文のどちらかを選んで互いに読み合い、よい点やさらに改善できる点等を指摘して下さい。もらったコメントは□欄に記入して下さい。

〈文章2〉

　私たちは、自分や他人が生きているとはどういうことかを知っている。それは必ずしも、私たちが「生きているとはどういうことか」を説明できるとか、まして「生命とは何か」といった問いに言葉で答えることができるということではない。そんな語彙を知らなくても、子どもが昆虫採集や魚釣りに夢中になれるのは——そうした遊びの機会は急速に失われつつあるけれど——生きているものとそうでないものとを直観的に区別しているからだ。

　たぶん子どもたちにとって最初の手がかりは、生き物は勝手に動くということだろう。だがそれがすべてではない。かたちも重要だ。生き物は生き物らしいかたちをしている。私たちは自分と同種の生き物、すなわちヒトの顔や声に反応するようにあらかじめプログラムされた本性をもっているが、その能力はヒトの範囲を超えて、目や口、手足といった形態をもつものを、生き物ではない事物から弁別するためにも使われる。それに加えて、身近な人間たちや、犬や猫に触れた手に感じられる独特の柔らかさや暖かな鼓動から、子どもは何かが生きているとはどういうことかを学んでゆく。まだ「生命」とか「いのち」とかいった抽象観念はもっていなくとも、いやむしろそれゆえにこそ、子どもは何が生きているのかを知っているのだ。

　そしてそれは同時に、誰かに呼びかけることを学ぶということでもある。言語がコミュニケーションの道具として進化してきたのだとすれば、それは当然のことだろう。子どもにとって、生きているものとは、それに対して呼びかけうる、あるいは呼びかけてしまう対象のことだ。この世界に生まれ落ちた子どもは、まず親や周囲の大人たちからの呼びかけに応え、逆に呼びかけることを身につけてゆく。

　ここで注目すべきは、応答するはずのないもの、すなわち生命をもたない相手に対しても、子どもはためらうことなく呼びかけるということだ。典型的なのはクマのぬいぐるみや着せ替え人形に対する態度である。子どもがいつも腕に抱えているクマのぬいぐるみに「タロちゃん、お散歩にいきましょ」等々と話しかけるとき、その呼びかける声の消失点である「タロちゃん」は、単なるのっぺりとした事物ではなく、顔をもった人称的存在者——そのような存在者を本書では〈誰か〉と表記しよう——である。そしてそのことは、子どもにとって、タロちゃんが生きているということからまだ区別されてはいない。

　もちろん大人は、もはやクマのぬいぐるみを生き物と取り違えたりはしない。子どもがぬいぐるみを投げ捨てたりすれば、親は「タロちゃんがかわいそうでしょう」などとたしなめるかもしれないが、それでもその子が飼い犬を投げ捨てたときほどには怒らないだろう。私たちは大人になる過程のどこかで、ぬいぐるみは生きていない——したがって、生きているものと同じように取り扱う必要はない——ということを憶えるのである。

　ただし厳密には、「生きていない」という表現のこの使い方は不正確である。何かが生きていないという言い方を私たちがするのは、かつては生きていたものが死んでしまって、もはや生きてはいない、という場合がほとんどなのではないだろうか。はじめから生きてはいないものについては、むしろ「生き物（生物）ではない」や「生命（いのち）をもたない」というように、「生き物」「生命」という名詞によって述語づけることがふつうなのではないだろうか[1]。たとえば、「消しゴムは生き物ではない」とはいうけれど、「消しゴムは生きてはいない」とはあまりいわないような気がする。

　反対に、何かが生きているという言い方をする場合、そのときの主題はその何かが生物であるか無生物であるかではなく、

実践編　第7章　文章を要約する

　生物であることはすでにわかっている何かが（ある時点で）生きているのか死んでいるのかという対比であることが多いように思われる。「鼠は生きているが、消しゴムは生きていない」というよりも、「鼠は生き物だが、消しゴムは生き物ではない」という方が自然な言い回しであろう。逆に、いま亡くなったばかりの人を前にして、私たちは「まるで生きているような表情だ、死んでいるなんて信じられない」等々ということがある。同じ場面で、「生き物のようだ、無生物（単なるモノ）だなんて思えない」などと口にする人はいないだろう。

　このように、大人たちにとっては、何かが「生き物である」「生物である」ということがまずあって、その次にその何かが「生きている」のか、それとも死んでいるのかが問題となるのである。子どもの世界観と比べたとき、このことがもつ意味は両義的である。言葉よりも前に子どもが理解する感覚を表すのに適切なのは、すでにみたように、「生きている」という言い回しの方だ。「生き物」や「生物」といった名詞的把握、ましてや「生命」や「いのち」といった抽象観念が子どもに到来するのはずっと後のことである。しかしそうした観念に精神を侵されてしまった大人はこの順序を転倒させ、まず「生物／無生物」という軸で世界を腑分けした後で、さらに生物についてだけ「生きている／死んでいる」という弁別の述語を与えるのだ。

　けれども、そのように転倒したやり方であれ、私たちが「生き物である／ない」という表現と「生きている／死んでいる」という表現を微妙に使い分けられるという事実には、子どものときにはじめて何かが生きているということの意味を体得した、その原初的な感覚の残響を聞き取ることができるように思われる。それと併せて、子どもにとって生きているものとは何かではなく誰かなのだったことを思い起こしてみよう。私たち大人もまた、自分にとって大切な人の生死の分かれ目に遭遇するときには、そのような感覚を思い出すのではないか？

　たとえば、自分の愛する人が脳死状態に陥ったとき、その傍らに立つ私たちは、たとえ脳死状態が人の死であると考えていたとしても、その人に何ごとかを呼びかけるだろう（「お母さん」「太郎さん」「辛かっただろうね」「なんで死んじゃったの」等々）。それは相手をいまだ単なる物体ではなく〈誰か〉――すなわち、世界の開けの原点であると同時に、私からみれば世界の消失点でもあるような他者――であると認めることである。いや、脳死者ではなく、いかなる意味でもすでに死んだ他者について考えてみてもよい。死んだ直後の「死者」は、文字通り「死んだ者」であって、いまだ「死んだ物」すなわちモノとしての「死体」ではない。「死んだ者」が「死んだ物」に変容するには、ある程度の時間がかかる――その変容のなだらかな勾配は、かつては埋葬によって、現在では火葬によって断ち切られるが、それですべてが終わるわけではない。

　上のような場景に示唆されているように、私たちにとって意味のある「他者」の本質とは「生命」などではなく、それが〈誰か〉であるということなのである。言い換えれば、「物」ではなく「者」であるか否かが問題なのだ。

　もちろん、すでに大人である私たちは、何かを〈誰か〉とみなすのに、それが生物であるか否か、生命をもっているか否かという知識を無視することはできないし、すべきでもない。大人は明らかな無生物、たとえばぬいぐるみに、むやみに話しかけたりはしないものだ。だが大人といえども飼い犬や飼い猫に話しかけること――かれらから返事が返ってくることはないと知っていながら――は決して珍しくはないし、すでに死んだ人に向かってその名を呼び、語りかけることは、むしろ人間の本性に属するふるまいではないだろうか。

（1）「生きて（は）いない」という表現を比喩的に用いるときには、無生物についてもそれを述語としてつけることがしばしばある。たとえば「あの伝統はもはや生きてはいない」という種類の用法である。だがこうした場合には、やはりその無生物もかつては「生きていた」のである。

（加藤秀一　2007『〈個〉からはじめる生命論』（日本放送出版協会）による）

所属 _____ 年　月　日

学籍番号 _____ 氏名 _____

8
Japanese Expressions

> **実践編　第8章** ▶ データを集めて解釈する

【課題1】　テキスト26ページに出てくる、大野君と野口君は、データの集め方について、同じ誤りを犯しています。データの集め方について検討し、その誤りを指摘して下さい。

終わったら 📖 27ページへ

【課題2】　山田さんと鈴木さんは、データの集め方について、同じ誤りを犯しています。データの集め方について検討し、その誤りを指摘して下さい。また、どのようなデータを集めればよかったのか検討し、2人の目的に合った適切なデータの集め方を書いて下さい。

誤り：

適切なデータの集め方：

終わったら 📖 27ページへ

【課題3】　週刊誌『デーマ』のデータの集め方や解釈の仕方等には、いくつかの問題があります。問題点を3つ以上指摘して下さい。

-
-
-

終わったら 📖 28ページへ

所属　　　　　　　　　　　　　　　　　　　　年　月　日

学籍番号　　　　　　　　　　　氏名

| 実践編　第8章 | データを集めて解釈する |

8
Japanese Expressions

【課題4】　〈事例1〉については、データの集め方に関する問題を指摘して下さい。〈事例2〉と〈事例3〉については、データの解釈に関する問題を指摘して下さい。

〈事例1〉

〈事例2〉

〈事例3〉

終わったら　📖 28ページへ

【課題5】　次のA・Bのどちらかを選んで挑戦してみましょう。
【A】データを集めるときのポイントとデータを解釈するときのポイントは、どのようなことだと思いますか。少なくとも、それぞれ2つずつ考えて書いて下さい。
【B】データを集めるときのポイントとデータを解釈するときのポイントは、どのようなことだと思いますか。まず最初に、少なくとも、それぞれ2つずつは自分で考えて書いて下さい。次に、自分の考えたポイントとクラスメートの考えたポイントを比較し、クラスメートのものに有益なものがあったら、書き加えて下さい。

取り組んだ課題に○を付けて下さい　【　A　・　B　】

データを集めるときのポイント

データを解釈するときのポイント

| 所属 | 年　月　日 |

学籍番号　　　　　　　　　氏名

9
Japanese Expressions

> 実践編　第9章　インターネットを用いて調査する

【課題1】　❶〜⓫について、あなたはどう思いますか。よいと思う点や問題点、もう少し工夫した方がよい点等を、それぞれの理由と共に書いて下さい。

❶ ウィキペディアで調査した内容をレポートに書いた。
❷ 分からないことは、すぐにGoogleで検索するようにしている。
❸ インターネット上の情報は信用できないので、政府のサイト（〜go.jp）も信用していない。
❹ ホームページに「ある行動をとるサルが100匹を上回ったとき、離れた地域にいるサルも同じ行動をとり始める（100匹目の猿現象）」と書いてあったので、その話を信じている。
❺ 「有名な都市伝説」についてレポートを書く際に、ウィキペディアを参考にした。
❻ 調査は辞書や事典等で行うべきであり、インターネットで調査すること自体が間違っている。
❼ インターネットで調査すれば、ほとんどのことは分かるので、図書館に行く必要などない。
❽ ホームページ上に書かれていることを、URLを明示して引用した。
❾ 必要な文献をインターネットで調べている。
❿ 電子辞書を携帯しており、分からないことがあったら、すぐ調べるようにしている。
⓫ 大化の改新時の天皇を知る必要があったので、まず、ウィキペディアで調べ、「皇極天皇」だろうと当たりをつけた。次に『日本国語大辞典』で「皇極天皇」を調べ、事実を確認した。

❶
❷
❸
❹
❺
❻
❼
❽
❾
❿
⓫

終わったら　29ページへ

所属 _____   年　月　日

学籍番号 _____ 氏名 _____

| 実践編　第9章 | インターネットを用いて調査する |

9
Japanese Expressions

【課題2】　次のことについてクラスメートと話し合い、話し合った結果を書いてみましょう。

❶ インターネットを利用して調査することのメリットとデメリットは何でしょうか。
❷ インターネット上の情報をレポート等に使ってよい場合は、どのような場合でしょうか。
❸ インターネット上の情報を引用する際には、どのような工夫が必要でしょうか。

❶ _____

❷ _____

❸ _____

終わったら 📖 30ページへ

【課題3】　テキスト30〜31ページにある〈事例1〉〜〈事例6〉の検索方法について、あなたはどう思いますか。少なくとも3つを選び、よいと思う点や問題点、もう少し工夫した方がよい点等を書いて下さい。

事例（　） _____

事例（　） _____

事例（　） _____

事例（　） _____

終わったら 📖 31ページへ

【課題4】　自分の専門分野の論文を探す場合、どの検索サイトがよいかを調べ（分からない場合は、GeNiiで検索して下さい）、自分が興味を持っているテーマのキーワードを入力して、読みたいと思う論文を1つ決めて下さい。読みたい論文が決まったら、その論文の「タイトル」「執筆者名」「掲載雑誌名（及び発行団体名）」「ISSNコード」「掲載雑誌発行年月」「何巻何号の何ページから何ページに載っているか」を以下に写して下さい。10章ではこれらの情報をもとに、図書館で文献を手に入れます。

タイトル _____　　執筆者名 _____

雑誌名・発行団体名 _____　　ISSNコード _____

発行年月　　　年　　　月　　　巻号とページ　　　巻　　　号　　　ページ〜　　　ページ

所属　　　　　　　　　　　　　　　　　　　　　　　年　　　月　　　日

学籍番号　　　　　　　　　　氏名

10
Japanese Expressions

実践編　第10章　図書館を利用する

【課題１】　次の❶〜⓭の用語について調べ、それぞれの意味を書いて下さい。

❶ 図書　　❷ 逐次刊行物（定期刊行物）　　❸ 雑誌　　❹ 一次資料と二次資料　　❺ 孫引き
❻ 剽窃　　❼ 引用　　❽ レファレンス・カウンター　　❾ 司書　　❿ 参考図書（レファレンス図書）
⓫ 閉架式と開架式　　⓬ 日本十進分類法　　⓭ 灰色文献

❶
❷
❸
❹
❺
❻
❼
❽
❾
❿
⓫
⓬
⓭

終わったら　32ページへ

所属 _____　　年　月　日

学籍番号 _____　氏名 _____

10
Japanese Expressions

> 実践編　第10章　図書館を利用する

【課題2】　次のサービスの中で、実際に図書館で受けることができるサービスはどれでしょう。まず、自分の予想で、サービスを受けることができると思うものには○、できないと思うものには×を書いて下さい。次に、自分の大学の図書館について、利用ガイドを見たり、実際に図書館に行ってみる等して、どのようなサービスを行っているのか調べて書いて下さい。

	予想	実際は？
「探している本が見付からない」「調べ方が分からない」「こんな資料があればよいが、あるだろうか」等の場合、無料で相談にのってくれる		
図書や雑誌の一部を著作権を侵さない範囲内で複写できる		
他の大学図書館にある雑誌論文を取り寄せてくれる		
他の大学図書館にある図書を取り寄せてくれる		
通常は有料の検索システムが無料で使える		
映画等のDVDやビデオを無料で見ることができる		
語学教材を無料で使うことができる		
文庫本や絵本を借りることができる		
図書館に入れてほしい本のリクエストを出すことができる		
いくつかの新聞が無料で読める		
10年以上前の新聞が閲覧できる		
10年以上前の雑誌が閲覧できる		
江戸時代より昔の本が閲覧できる		
他の大学図書館に行く際に紹介状を書いてくれる		
インターネットが無料でできる		

※図書館によって実施しているサービスの内容が異なります。また、文献の取り寄せ等は、多くの場合、送料やコピー代を利用者が負担することになります。

終わったら 📖 32ページへ

所属　　　　　　　　　　　　　　　　　　　　　　年　　月　　日

学籍番号　　　　　　　　　　氏名

10
Japanese Expressions

> **実践編　第10章**　図書館を利用する

【課題３】　それぞれの資料の特徴についてクラスメートと話し合い、話し合った結果を書いてみましょう。当該の資料がどんなものか分からない場合には、図書館で調べてみましょう。

- ❶ 百科事典（参考図書）
- ❷ 専門辞典類（参考図書）
- ❸ 一般の図書（参考図書以外）
- ❹ 学術雑誌
- ❺ 一般の雑誌
- ❻ 新聞
- ❼ 視聴覚資料
- ❽ 年鑑
- ❾ 統計資料、白書
- ❿ 便覧・ハンドブック
- ⓫ 図鑑
- ⓬ マイクロ資料

❶

❷

❸

❹

❺

❻

❼

❽

❾

❿

⓫

⓬

終わったら　33ページへ

所属		年　　月　　日	
学籍番号		氏名	

> **実践編　第10章** 　図書館を利用する

10
Japanese Expressions

【課題4】　9章の【課題4】で調べた論文を、他の大学図書館から取り寄せるとします。この前提で、以下の資料調査依頼票の必要事項を埋めて下さい（自分の住所等は架空のものにして下さい）。

資料調査依頼票

申込日	年　　月　　日（　）		
他館蔵書の	□複写依頼 □借受依頼 □閲覧紹介 □所蔵調査	所属：大学院・大学　　学籍番号　　　　　氏名 　　　　　　　　　　　学科 連絡先：〒 tel:　　　　　　　　e-mail:	
その他の調査 □			

文献名	□雑誌（誌名・巻号・年月日・出版社・頁）　□単行書（書名・著者名・出版社・出版年・頁）　□その他 ISBN／ISSN（　　　　　　　　　　　　　　）　　*奥付のコピーもお願いします。* 上記資料中の論文または記事 　執筆者名 　論　題
事前調査	上記文献の出典　□雑誌（誌名・巻号・年月日・出版社・頁）　□単行書（書名・著者名・出版社・出版年・頁） 　　　　　　　　□データベース（データベース名・検索キーワード）　□インターネット（URL）　□その他 本学所蔵確認　□大学蔵書検索 所在確認　　　□NACSIS-WebCAT　□国立国会図書館WebOPAC　□その他（　　　　　　　　　） 所蔵機関名

終わったら 📖 33ページへ

【課題5】

5-1　実際に図書館に行って、上の【課題4】で扱った論文が掲載されている雑誌を検索し、自分の大学の図書館にあるかどうか調べて下さい。

自分の大学の図書館にある　→　どこにありますか　　　　　　　　　　→　著作権に留意しつつ複写して下さい

自分の大学の図書館にない　→　5-2に進んで下さい

5-2　図書館のレファレンス・カウンターを通じて、当該の論文を他の図書館から取り寄せて下さい。取り寄せの際には、【課題4】で「資料調査依頼票」に記入した情報を利用して下さい。

終わったら 📖 33ページへ

| 所属 | | 年　　月　　日 |

学籍番号　　　　　　　　氏名

11 Japanese Expressions

> 実践編　第11章　堅実なレポートの書き方を学ぶ１

【課題１】　共通教育科目「言葉と人間関係」の期末レポートとして、「『言葉と人間関係』というテーマで自由に論ぜよ」という課題が出ました。長里さん、山崎君、小林君、富田君、寺島さんは、授業で説明のあった、「潤滑油としての敬語」に興味を持ち、それぞれテキスト35～36ページのようなレポートを書きました。あなたが教員だったら、各レポートにどのような評価を与えるか想像して、A⁺～D（不可）を付け、そのような評価をした理由を書いて下さい。その後、どのようなレポートがよいレポートかを書いて下さい。

長里さんのレポート　　評価（　　　　　　）
理由：

山崎君のレポート　　　評価（　　　　　　）
理由：

小林君のレポート　　　評価（　　　　　　）
理由：

富田君のレポート　　　評価（　　　　　　）
理由：

寺島さんのレポート　　評価（　　　　　　）
理由：

どのようなレポートがよいレポートか

終わったら　36ページへ

所属 ＿＿＿＿＿＿＿＿＿＿＿＿＿＿＿＿＿ 年　月　日

学籍番号 ＿＿＿＿＿＿＿＿＿ 氏名 ＿＿＿＿＿＿＿＿＿＿＿＿

11
Japanese Expressions

> 実践編　第11章　堅実なレポートの書き方を学ぶ１

【課題２】　テキスト36ページのレポート課題（ア）～（オ）の中から１つ選び、以下の〈例〉を参考に、何が調査できるか考えてみましょう。その際、クラスメートとブレーンストーミングを行い、できるだけ多くの調査課題を挙げて下さい（どんなことでもよいので、最低２つは考えて下さい）。

〈例〉　選んだレポート課題（　イ　）

- 各店で用意しているエコバッグの中にも、使いやすいものとそうでないものがあると思われる。そこで、各店のエコバッグを集め、どれが使いやすいか、また、どれがエコの観点からみて評価できるかを調査する。

選んだレポート課題　（　　　　）

-
-
-

終わったら 37ページへ

【課題３】　テキスト37ページにある❶～❺の調査課題について、それぞれ、具体的には何を調査する必要があるか考え、現実的にはどの調査課題が期末レポートに向いているか考えて下さい（どの調査課題も期末レポートに向いていないと判断した場合は、期末レポートに向いている調査課題を新たに考えて書いて下さい）。

❶
❷
❸
❹
❺

期末レポートに向いている調査課題　（　　　　）

新たに考えた調査課題

終わったら 37ページへ

所属　　　　　　　　　　　　　　　　　　　　　　年　　月　　日

学籍番号　　　　　　　　　氏名

12
Japanese Expressions

| 実践編　第12章 | 堅実なレポートの書き方を学ぶ２ |

【課題１】 レポートや卒業論文を提出する際、体裁として、どのような点に注意するべきだと思いますか。思いつく限り挙げてみて下さい。

-
-
-
-
-
-
-
-

-
-
-
-
-
-
-

終わったら　38ページへ

【課題２】 10章の【課題５】で入手した論文について、次の点がどうなっているか調べてみましょう。

❶ 論題　　　　　　　　　　　　　　　　　　　　副題

❷ 要旨の有無　　有　・　無　　　　要旨は　　　　　　字程度

❸ 用紙サイズ（Ａ４判等）　　　　　　　　１ページあたり　　　　文字　×　　　　行

❹ 横書きか縦書きか　　　　　　　　　❺ フォント（書体）

❻ 文体（デアル体か、デスマス体か等）

❼ それぞれの節に何が書いてありますか。〈例〉にならって書いてみて下さい。節タイトル等があれば、それがヒントになります。なお、各節の内容を詳細に書く必要はありません。

〈例〉　１節は研究の目的と結論、２節は先行研究のまとめ、３節は調査資料の説明、４節は……

次ページへ続く

33

所属 _____　　　年　月　日

学籍番号 _____　氏名 _____

12
Japanese Expressions

> **実践編　第12章**　堅実なレポートの書き方を学ぶ2

_____
_____
_____
_____

❽ 調査の概要について書かれた節はありますか。あるとすれば、どのようなことが書かれていますか。

調査の概要は、_____節に書かれている。

調査対象（文献調査か、アンケート調査か　／　どのような文献を調査したか、どのような人にアンケートを行ったか）

_____
_____
_____

調査方法（どのような基準でデータを採集したか等）

_____
_____
_____

❾ 注はどの位置に書いてありますか。　　文章末注　・　脚注　・　頭注　・　その他（　　　　　　　　）

❿ 注には何が書いてありますか。また、本文ではなく、注に書いた理由は何だと思いますか。注1～注5まで、〈例〉にならって書いてみて下さい。

〈例〉注1は文献の情報。本文に書くと読みにくくなるから。

注1 _____
注2 _____
注3 _____
注4 _____
注5 _____

次ページへ続く

所属 _____ 年 月 日

学籍番号 _____ 氏名 _____

12
Japanese Expressions

| 実践編　第12章 | 堅実なレポートの書き方を学ぶ2 |

⓫ 文中でフォントを変えたり下線を引いたりしている部分はありますか。あるとすれば、どのような部分ですか。

　　フォントを変えている部分が　　　ある　・　ない

　　どのような部分ですか _____

　　下線を引いている部分が　　　　　ある　・　ない

　　どのような部分ですか _____

⓬ 文献の情報はどのように書かれていますか。　　参考文献　・　引用文献　・　その他（　　　　　　）

⓭ 文献の情報はどこで言及されていますか。
　　文章末の文献一覧　・　注の中　・　本文中　・　その他（　　　　　　）

終わったら 📖 39ページへ

【課題3】

3-1　テキスト39〜40ページの〈例〉にならい、【課題2】で使った論文を文献欄に書くとしたらどのようになるか、書いてみましょう。

_____
_____
_____

3-2　【課題2】で使った論文では、どのように文献を書いていますか。全てのパターンを調べ、テキスト39〜40ページを参考に、「著者氏名＋（発行年）＋「論文タイトル」………」のように書いて下さい。

● _____

● _____

● _____

● _____

終わったら 📖 40ページへ

所属	年　月　日
学籍番号　　　　氏名	

実践編　第12章 ▷ 堅実なレポートの書き方を学ぶ2

12
Japanese Expressions

【課題4】

4-1　【課題2】で使った論文では、先行研究をどのように引用していますか。全てのパターンを調べ、以下の〈例1〉〈例2〉にならって、その部分を抜き出して下さい。※レポートや卒業論文を書くときには、このパターンを真似て引用すればよいわけです。

〈例1〉　福嶋（1997）は、「〇〇〇〇」と述べている。
〈例2〉　福嶋（1997）は、次のように述べている。
　　　　〇〇〇〇〇〇〇〇〇〇〇〇〇〇〇〇〇〇（pp.〇-〇）

4-2　文献を示さずに引用することを「剽窃」と言い、研究上許されない、卑劣な行為とされています。一方、文献を明示して引用すれば評価が高い場合も多く、引用することに、メリットはあれど、デメリットはないと言えます。では、ここで、なぜ剽窃が許されないのか、なぜ文献を明示して引用すれば評価の高い場合が多いのかについて、クラスメートと話し合って、まとめてみましょう。

所属
学籍番号　　　　　　　氏名
年　月　日

13
Japanese Expressions

| 実践編　第13章 | プレゼンテーションを行う |

【課題1】

1-1　発表内容や発表の仕方を決めるために、必ずチェックしておかなければならない項目があります。テキスト41ページにある設定で、早川さんになったつもりでチェックリストを作成して下さい。

1-2　1-1で挙げたチェック点をグループ分けし、プレゼンテーションにおいて事前に確認する必要のある項目をまとめて下さい。

終わったら 📖 41ページへ

【課題2】
早川さんの発表レジュメをみて、レジュメを作成する際に記入しなければならない項目は何か、挙げて下さい。また、早川さんの発表レジュメの構成や内容で工夫している点は何か、挙げて下さい。

記入しなければならない項目　　　　　　　　　工夫している点

終わったら 📖 42ページへ

所属	年 月 日
学籍番号　　　　　　　　氏名	

実践編　第13章　プレゼンテーションを行う

13
Japanese Expressions

【課題３】　次のA・Bのどちらかを選んで挑戦してみましょう。

【A】　❶　〈オープンキャンパスで、10分間で自分の学科についての紹介を行うことになった。〉この設定で、何を、どの順序で、プレゼンテーションすればよいか、アウトラインを作成して下さい。アウトラインを書き終わったら、各項目の時間配分も考えて下さい。

　　　❷　❶で作成したアウトラインをもとに、時間を計ってプレゼンテーションのリハーサルを行って下さい。終わったら、10分でプレゼンテーションを行えたか、話し方はどうだったか、自己分析をして、□欄に記入して下さい。

【B】　❶　【A】の❶を行って下さい。

　　　❷　グループを作り、❶で作成したアウトラインをもとに、互いにプレゼンテーションを行って下さい。発表後にグループで、その発表についてよかった点や改善すべき点等を話し合って下さい。発表者は、話し合いで出してもらった意見を□欄に記入して下さい。

取り組んだ課題に○を付けて下さい　【　A　・　B　】

終わったら　43ページへ

所属		年　　月　　日
学籍番号	氏名	

14
Japanese Expressions

> **実践編　第14章**　視覚資料を作成する

【課題1】　テキスト44～46ページの〈グラフ1〉から〈グラフ7〉は、それぞれ何を表すのに適しているか、〈例〉にならって指摘して下さい。

〈例〉　　棒グラフは、量を比較するのに適している。（数値の大きさを棒の長さで表現している。）

この場合は、国際学部生の1か月の平均書籍代を、学年ごとに比較している。

〈グラフ1〉

〈グラフ2〉

〈グラフ3〉

〈グラフ4〉

〈グラフ5〉

〈グラフ6〉

〈グラフ7〉

終わったら 📖 46ページへ

所属 ＿＿＿＿＿＿＿＿＿＿＿＿＿＿＿＿＿＿　　年　　月　　日

学籍番号 ＿＿＿＿＿＿＿＿＿＿＿　氏名 ＿＿＿＿＿＿＿＿＿＿＿＿＿

14
Japanese Expressions

実践編　第14章　視覚資料を作成する

【課題2】　次のA・Bのどちらかを選んで挑戦してみましょう。

【A】　次の〈調査結果〉について分析を行った上で、分析結果を説明するスライドを、次ページからのシートに4枚分かいて下さい。分析の観点や提示の方法は各自で考えて下さい。

【B】　❶【A】を行って下さい。
　　　❷ スライドをかき終わったら、ペアを組んで実際にプレゼンテーションを行い、よかった点や改善すべき点について話し合いましょう。もらったコメントはシートの余白に書き加えて下さい。

〈調査結果〉

　文化庁で実施した「平成19年度国語に関する世論調査」では、「日本人の国語力」について、「社会全般においてどのような点に課題があると思いますか（選択肢の中から三つまで回答）」、「あなた自身（回答者自身）は、どのような点で自信を持てませんか（選択肢の中から三つまで回答）」という問いが設けられ、次のような結果が得られた。

　　　　　　　　　　　　　　　　　　　　社会全般　　回答者自身
・敬語等の知識・・・・・・・・・・・・・・・42.1%　　25.6%
・他人の話を正確に聞く能力・・・・・・・・・36.8%　　13.3%
・相手の立場や場面を認識する能力・・・・・・31.6%　　10.4%
・説明したり発表したりする能力・・・・・・・29.7%　　32.5%
・漢字や仮名遣い等の文字や表記の知識・・・・28.0%　　29.1%
・考えをまとめ文章を構成する能力・・・・・・22.7%　　29.8%
・論理的に考える能力・・・・・・・・・・・・15.6%　　17.7%

（文化庁「平成19年度国語に関する世論調査　日本人の国語力と言葉遣い」による）

取り組んだ課題に○を付けて下さい　【　A　・　B　】

調査結果の分析

次ページへ続く

所属　　　　　　　　　　　　　　　　　　　　　　　年　　月　　日

学籍番号　　　　　　　　氏名

14

Japanese Expressions

> **実践編　第14章** 視覚資料を作成する

スライド1

スライド2

次ページへ続く

所属　　　　　　　　　　　　　　　　　　　　　　年　　月　　日

学籍番号　　　　　　　　　氏名

14
Japanese Expressions

実践編　第14章 ▷ 視覚資料を作成する

スライド3

スライド4

終わったら 📖 46ページへ

42

所属 ＿＿＿＿＿＿＿＿＿＿＿＿＿＿＿＿＿＿　　　年　　月　　日

学籍番号 ＿＿＿＿＿＿＿＿＿＿　　氏名 ＿＿＿＿＿＿＿＿＿＿

15
Japanese Expressions

実践編　第15章　ディベートの技法を学ぶ

【課題1】　以下の中から、ディベートに向いているテーマとそうでないものを分けてみましょう（判断が人によって分かれるものもあり得ます）。

a　犬と猫と、どちらがかわいいか。
b　先週の水曜日に、○○さんが朝ご飯を食べたかどうか。
c　日本の成人年齢を引き下げるべきかどうか。
d　紀元前500年頃の、日本の人口はどれぐらいだったか。
e　今後日本の人口は増加するか否か。
f　自分は本当に△△さんのことを愛しているのかどうか。

ディベートに向いているテーマ　　　　　　　　　ディベートに向いていないテーマ

終わったら 📖 47ページへ

【課題2】　〈例〉にならって、以下の主張（a～d）の中から1つを選び、それに対する賛成の根拠と、反対の根拠を、それぞれ考えて下さい。

〈例〉

主張	「小学生の携帯電話の使用を禁止すべきである」
賛成の根拠	有害サイトにアクセスしたり、いじめの道具になる危険がある（から、禁止すべきである）
反対の根拠	携帯電話のおかげで家族との必要な連絡が取りやすくなっている（から、禁止すべきでない）

主張　　a　「コンビニエンスストアの深夜営業を禁止・規制すべきである」
　　　　b　「死刑を廃止すべきである」
　　　　c　「日本の首相を公選制（直接選挙で選ぶ形）にすべきである」
　　　　d　「スーパーマーケット等でのレジ袋の有料化を義務づけるべきである」

選んだ主張 ＿＿＿＿＿＿＿＿

賛成の根拠 ＿＿

（から、　　　　　　　　べきである）

反対の根拠 ＿＿

（から、　　　　　　　　べきでない）

終わったら 📖 48ページへ

所属	年　月　日
学籍番号　　　　　氏名	

	15
	Japanese Expressions

> **実践編　第15章**　ディベートの技法を学ぶ

【課題３】　下の〈例〉を参考に、

❶ 以下のａ〜ｄのどれか１つを選んで相手側の立論として下さい。

❷ 次に、自分は反対の立場に立ってその根拠を示して下さい。

❸ その上で、相手側の立論に対して反論してみて下さい。反論の数は自由としますが、できるだけ多種の反論候補を考えてみて下さい（それぞれの反論候補が両立しない場合があっても構いません）。

〈例〉

---

❶ 相手側の立論　「災害の被害を軽減するため（災害の被害を軽減できるから）首都移転すべきである」

❷ 自分側の立場（＝相手側と反対の立場）の根拠
移転候補地決定を巡って深刻な地域対立が起こる（から、首都移転すべきでない）。

❸ 相手側の立論への反論（反論候補）
・結局移転先に人口が集中してしまうし、歴史を見ると地震災害は日本中まんべんなく起こっているので、災害被害の危険は小さくならない。
・移転すると、移転先の自然環境に新たな負担がかかる。
・確かにある程度災害の被害は減る可能性はあるが、自分側の（移転反対の）根拠である「移転候補地決定を巡って深刻な対立が起こる」という問題の方が、より重要である。
・首都移転には都市整備のための膨大な費用や、法律改正のための大きな負担がかかる。

---

❶ 相手側の立論　　ａ　「投票率を上げるべきだから、選挙を棄権することに罰則を設けるべきである」
　　　　　　　　　ｂ　「たばこは害が大きいから、麻薬のように全面禁止すべきである」
　　　　　　　　　ｃ　「日本人の英語力を上げるべきだから、中学校の英語の授業は、原則全て英語で行うべきである」
　　　　　　　　　ｄ　「救急車の安易な利用をする人が多いから、救急車利用を有料化すべきである」

選んだ相手側の立論　＿＿＿＿＿＿

❷ 自分側の立場（＝相手側と反対の立場）の根拠

（から、　　　　　　　　べきでない）

❸ 相手側の立論への反論（反論候補）

終わったら　49ページへ

所属		年　　月　　日
学籍番号	氏名	

15 Japanese Expressions

> 実践編　第15章　ディベートの技法を学ぶ

【課題4】　次のA・Bのどちらかを選んで解答して下さい。A・Bいずれにおいても、議論するテーマ（立論）は、本章テキスト・シートに含まれているものでもよいですし、それとは別のものでも構いません。

【A】　議論するテーマを1つ決めた上で、
1. 「自分が採用する立論」を決めて書いて下さい。
2. 「相手側がしてきそうな（してくる可能性のある）反論」を考えて書いて下さい。
3. 「その反論への対応（再反論等）」を考えて書いて下さい。

【B】　グループになり、議論するテーマを1つ、話し合って決めた上で、
1. 「自分たちが採用する立論」を、話し合って決めて、書いて下さい（立論、特に主張について意見が一致しない場合は、一致できるようなテーマを選び直して下さい）。
2. 「相手側がしてきそうな（してくる可能性のある）反論」について、アイディアを出し合って書いて下さい。
3. 「その反論への対応（再反論等）」について、アイディアを出し合って書いて下さい。

取り組んだ課題に〇を付けて下さい【　A　・　B　】

議論するテーマ

1. 自分（たち）が採用する立論（根拠と主張）

2. 相手側がしてきそうな（してくる可能性のある）反論

(1)

(2)

次ページへ続く

所属		年　　月　　日
学籍番号	氏名	

15

Japanese Expressions

実践編　第15章　ディベートの技法を学ぶ

❸　その反論への対応（再反論等）
※それぞれ、❷のどの反論に対するものであるか分かるようにして書いて下さい。

● （❷の、　　　に対するもの）

● （❷の、　　　に対するもの）

● （❷の、　　　に対するもの）

終わったら 📖 49ページへ

所属 _____   年　月　日 _____

学籍番号 _____   氏名 _____

16
Japanese Expressions

> **実践編　第16章**　卒業論文の執筆計画を立てる

【課題１】　卒業論文を執筆する際、「どの時期に」「何を」ホウ・レン・ソウするべきだと思いますか。思いつく限り挙げて下さい。

	20___年（3年次）	20___年（4年次）
4月		
5月		
6月		
7月		
8月		
9月		
10月		
11月		
12月		
1月		
2月		
3月		

終わったら 📖 50ページへ

【課題２】　【課題１】で書いた内容について、ポイントアドバイス１やクラスメートの解答を参考にして、十分かどうか検討し、不足する部分があると思った場合は、赤で付け足して下さい。

【課題３】　【課題１】【課題２】で書き込んだ各事項を達成するには、それぞれ、どのくらいの期間が必要になると思いますか。あくまでも目安で結構ですので、書いてみて下さい。

- _____（期間：　　　　　）
- _____（期間：　　　　　）
- _____（期間：　　　　　）
- _____（期間：　　　　　）
- _____（期間：　　　　　）

- _____（期間：　　　　　）
- _____（期間：　　　　　）
- _____（期間：　　　　　）
- _____（期間：　　　　　）
- _____（期間：　　　　　）

終わったら 📖 51ページへ

所属 ＿＿＿＿＿＿＿＿＿＿＿＿＿＿＿＿　　　年　月　日

学籍番号 ＿＿＿＿＿＿＿　氏名 ＿＿＿＿＿＿＿＿＿＿＿

16
Japanese Expressions

実践編　第16章　卒業論文の執筆計画を立てる

【課題4】　就活では「いつ」「どのような」ことをすることになりそうですか。大まかでも結構ですので、【課題1】の表中に書き足して下さい。

【課題5】　「就活のこの段階までには、卒論をこの段階まで進めておいた方がよい」等のアイディアがあれば、次の□欄に書いて下さい。

終わったら　51ページへ

【課題6】　これまでの課題をふまえ、卒論と就活に関して「いつ（いつからいつまで）」「どのような行動をするか」を具体的に考え、教員のところに行く日付も入れて、もう一度、計画を立ててみて下さい（日付は仮で構わないので、必ず入れるようにして下さい）。

	20＿＿年（3年次）	20＿＿年（4年次）
4月		
5月		
6月		
7月		
8月		
9月		
10月		
11月		
12月		
1月		
2月		
3月		

終わったら　52ページへ

所属	年　月　日	17
学籍番号　　　　　　　氏名		Japanese Expressions

> **実践編　第17章**　口頭表現の基礎を押さえる

【課題1】 テキスト53～54ページ〈音読用文章〉を、時間を計りながら音読して下さい。読み終わったら、かかった時間を記入して下さい。

かかった時間　　　　　秒

終わったら📖54ページへ

【課題2】 以下の手順で課題を行って下さい。

手順1　ノート・原稿用紙等別紙を用意し、60秒用のスピーチ原稿を書いて下さい。内容は「自己紹介」「サークルの勧誘スピーチ」「就職面接用自己PR」等、自分の書きやすいもので結構です。

手順2　ペアになって話し手役と聞き手役を決め、

話し手役：文章を、できるだけ原稿を見ないで話し、ペアの人に聞いてもらって下さい。また、話す時間を計って下さい。

かかった時間　　　　　秒

聞き手役：話し手役の話し方について、以下の点をチェックして下記のメモ欄に記入して下さい。

主なチェック項目
❶ 話す速さは適切と感じたか。
❷ 話す声の大きさ・高さ（トーン）は適切だったか。
　※教室環境等、諸条件のせいで、場面に合った大きさの声が出せない場合には声の大きさについては不問にして下さい。
❸ 言いよどみ・言い間違いはあったか。あった場合、それによって聞くことにストレスを感じたか。
❹ 話し手の視線・視線の動きは適切だったか。
❺ 視線以外の、話し手の姿勢・表情・体の動き等はどうだったか。
❻ 他、話し方の癖で気になるところはあったか。
❼ 概ね原稿通りの内容を話していたか。内容に漏れや、余計なことが入っていなかったか。
❽ 他、気付いたことをできるだけ多く書いて下さい。

手順3　スピーチの後、話し手役の人と聞き手役だった人とで話し合い、聞き手役だった人のメモを、話し手役の人が次ページの欄に写して下さい。また、話し手自身のコメントも書き加えて下さい。

手順4　話し手役と聞き手役とを入れ替えて、手順2・手順3を繰り返して下さい。

メモ欄

❶
❷
❸
❹

❺
❻
❼
❽

その他コメント

次ページへ続く

所属 _____   年　　月　　日

学籍番号 _____ 氏名 _____

17
Japanese Expressions

実践編　第17章 ▸ 口頭表現の基礎を押さえる

（聞き手役の人のメモを写し、話し手自身のコメントがあれば加える。）

❶ _____　❺ _____
❷ _____　❻ _____
❸ _____　❼ _____
❹ _____　❽ _____

その他話し手自身のコメント _____

終わったら 📖 54ページへ

【課題3】【課題2】でチェックした点等をふまえ、もう一度【課題2】の手順2～手順4を行って下さい。手順2については、聞き手役の人は、【課題2】のときに比べて、どの点が改善されたかを中心にメモして下さい。

メモ欄

❶ _____　❺ _____
❷ _____　❻ _____
❸ _____　❼ _____
❹ _____　❽ _____

その他コメント _____

（聞き手役の人のメモを写し、話し手自身のコメントがあれば加える。）

❶ _____　❺ _____
❷ _____　❻ _____
❸ _____　❼ _____
❹ _____　❽ _____

その他話し手自身のコメント _____

終わったら 📖 55ページへ

所属　　　　　　　　　　　　　　　　　　　　　年　　月　　日

学籍番号　　　　　　　　氏名

18
Japanese Expressions

> **実践編　第18章**　電話応対のマナーを学ぶ

【課題１】　テキスト56ページの〈例〉における、前田さんの話し方の、よい点、改善すべき点を指摘して下さい。

よい点

改善すべき点

終わったら📖57ページへ

【課題２】　【課題１】の「改善すべき点」への解答や、テキスト57ページ「ポイントアドバイス１」をふまえ、テキスト56ページの〈例〉における前田さんと相手（お客さん）とのやりとりを、適切なものに直して下さい。相手（お客さん）の発言も、話の流れに合わせて変えていって結構です。※書ききれない場合は別紙に続きを書いて下さい。

〈…４・５回鳴っても横山店長の姿が現れないので前田さんが出た。〉

前田：

相手：

前田：

終わったら📖58ページへ

所属　_____　　　　　年　　月　　日

学籍番号　_____　氏名　_____

18
Japanese Expressions

| 実践編　第18章 | 電話応対のマナーを学ぶ |

【課題３】　〈自分がアルバイトをしている久米設計事務所に、取引先の社員から電話がかかってきた。相手の指定した担当者は不在だったので、伝言を受ける。〉この設定で、以下の空欄に書き込んで会話を完成させるとともに、担当者宛の伝言メモを作成して下さい。※伝言メモは、別紙を用意してそれに書いて下さい。

自分：お電話ありがとうございます。久米設計事務所です。
相手：お世話になっております。長谷川商会の村木と申します。吉岡さんはいらっしゃいますでしょうか。

自分：＿＿＿＿＿＿＿＿＿＿＿＿＿＿＿＿＿＿

（確認したが不在であることが分かった。）

自分：＿＿＿＿＿＿＿＿＿＿＿＿＿＿＿＿＿＿

相手：ご不在ですか。分かりました。では、伝言をお願いできますでしょうか。

自分：＿＿＿＿＿＿＿＿＿＿＿＿＿＿＿＿＿＿

相手：はい、ではお願いします。内容は、「明日11時からの打ち合わせを、16時からに変更したい。変更可能かどうかお伺いしたいので、また電話します。」です。宜しくお願いします。

自分：　（復唱・確認等をする。）

相手：はい、そうです。

自分：＿＿＿＿＿＿＿＿＿＿＿＿＿＿＿＿＿＿

相手：ではよろしくお願いいたします。
自分：お電話ありがとうございました。

終わったら　📖 58ページへ

【課題４】　ペアを組み、下記の設定のもとで役を決め、それぞれ登場人物になったつもりで口頭で電話（会話）のやりとりをして下さい。終わったら、うまくできたところ、難しかったところ、気づいた点等を話し合い記録して下さい。書かれていない条件（それぞれの下の名前、日程の都合等）は各自で自由に設定して下さい。※この課題は別紙を用意してそれに書いて下さい。

〈設定〉
電話をかける人：山崎さん（三省大学２年生。□□製菓を就職希望の候補に考えている。大学の同窓会名簿に先輩、結城さんの名前を見つけ、載っていた電話番号に電話する。）
電話を受ける人：結城さん（三省大学卒業、□□製菓勤務。山崎さんの先輩に当たるが面識はない。）
用件の概略：山崎［「□□製菓に就職エントリーを考えているのでOBOG訪問として、結城さんのところに訪問したい。OKをもらえれば会う日程も決めたい」と申し出る］→結城［承諾する］→山崎・結城［やりとりをして日程を決める］

| 所属 | 年　月　日 |

学籍番号　　　　　　　氏名

19 Japanese Expressions

実践編　第19章　アンケートをとる

【課題1】　〈会員数が400人ぐらいのサークル連合会。15人の役員が集まる役員会議で、「連合会ではこれまでコピー機を持っておらず不便なので、会員からお金を集めて購入したらどうか」という意見が出たが、「贅沢すぎるのではないか」「どのぐらいの価格のコピー機を購入するのか」という反対意見や質問も出て、会員の意見を聞くことになった。会員の意見を適切に把握できるようなアンケートを実施したい（その他の条件は自由に想定してよい）。〉

　上記の設定状況における、聞くべきアンケート項目の候補を、〈例〉を参考に挙げてみて下さい。

〈例〉・現状でのコピー機の利用頻度

終わったら　59ページへ

【課題2】　【課題1】の項目を、アンケート用紙上の実際の設問として書いてみて下さい。スペースの関係で【課題1】の全ての項目について書けない場合は、書けるところまでで結構です。

終わったら　60ページへ

所属　　　　　　　　　　　　　　　　　　　　　年　　月　　日

学籍番号　　　　　　　　　　　　氏名

19
Japanese Expressions

> 実践編　第19章　アンケートをとる

【課題3】　テキストの説明も参考にしながら、「お願い文」を書いて下さい。

終わったら 📖 61ページへ

【課題4】　テキストの説明も参考にしながら、「フェイスシート」を書いて下さい。

終わったら 📖 61ページへ

【課題5】　以下のA・Bいずれかの課題を選び、解答して下さい（別紙を用意して記入して下さい）。
【A】　【課題1】の設定のもと、ここまで行った課題やテキストの解説をふまえ、アンケートの清書・完成版を作成して下さい。
【B】　❶【課題1】の設定のもと、ここまで行った課題やテキストの解説をふまえ、アンケートの清書・完成版を作成して下さい。
　　　❷　❶で作成したアンケートを、ペアを組んだ人と交換し、回答者として回答してみて下さい。「回答しやすかったところ」「回答しにくかったところ」「このような情報が記されていると参考になりそうだ」というような点があればコメントして下さい。

取り組んだ課題に○を付けて下さい　【　A　・　B　】

終わったら 📖 61ページへ

所属		年　　月　　日	**20**
学籍番号	氏名		Japanese Expressions

実践編　第20章　段取りを考えて連絡する

【課題1】　〈自分は大学の新2年生。写真同好会に所属しているが、今年連絡係を担当することになった。連絡網作成のため、新入会員に各自の連絡先を、配布した用紙に記入してもらいたい。〉という設定で、その際の記入用紙を作成して下さい（示された条件以外は自由に設定して下さい）。

終わったら 📖 62ページへ

【課題2】　連絡網のメールアドレスに誤り等がないか確認するためにメールを送りたいと思います。そのメールの、件名と本文を書いて下さい。

件名：

本文：

終わったら 📖 63ページへ

所属　　　　　　　　　　　　　　　　　　年　月　日

学籍番号　　　　　　　　　氏名

20
Japanese Expressions

| 実践編　第20章 | 段取りを考えて連絡する |

【課題3】　次のA・Bのどちらかを選んで解答して下さい。

【A】 設定：写真同好会の連絡係として、約2か月後の7月21日(水)に札幌市A動物園で撮影会を行うための連絡を会員全員にメールで行う。条件は以下の通りで、書かれていない条件は自分で設定する。
・団体傷害保険に入るので、撮影会の1か月前までに参加者を確定させる必要がある。
・撮影機材については、各自で手配するが、情報が欲しい人は連絡係に問い合わせてよい。
上記の設定で、メールの件名と本文を書いて下さい。

【B】　❶　【A】と同じ設定でメールを作成して下さい。
❷　ペアの人と、お互いのメールが分かりやすかったかどうか、連絡の仕方として適切かどうか等、内容や表現について話し合い、コメントを書き加えて下さい。

取り組んだ課題に〇を付けて下さい　【　A　・　B　】

件名：

本文：

終わったら 64ページへ

所属		年　月　日
学籍番号	氏名	

21
Japanese Expressions

実践編　第21章　奨学金を申請する

【課題１】　〈自分は○○大学１年生。入学後でも申請できる奨学金制度があり、所得条件等も満たしていたので申請することにした。〉この設定で、以下の奨学金申請書類（の一部分）に、必要なことがらを記入して下さい。この場で分からないことがらは、（１）後で自分で調べられる箇所は「自分で調べる」と記入し、（２）家族等に聞かないと分からない場合は「○○に聞く」と記入して下さい。※固有名詞や連絡先、口座番号等、個人情報に関する部分は変えて書き、本当の正確な個人情報を出さないようにして下さい。

ふりがな			生年月日　　年　月　日
申請者氏名	姓	名	電話
申請者住所	（〒　　-　　　）		
学校名		学校住所（〒　　-　　　）	
口座設定金融機関名・口座種類・口座名義・口座番号			
金融機関名		口座種類　　口座名義	口座番号
ふりがな			生年月日　　年　月　日
保護者氏名	姓	名	電話
保護者住所	（〒　　-　　　）		

終わったら📖66ページへ

【課題２】　〈必要な添付書類は、ａ高校時代の成績証明書、ｂ世帯の源泉徴収票か確定申告書の写し、ｃ（持っていれば）学業に関する資格証明書（英検等）の写し。また、指導教員の面接を受け、申請書の所見欄に記入してもらう必要がある。〉この設定で、申請書類を入手してから提出先へ提出するまでの段取りを書いて下さい。※書かれていない条件については自由に設定して下さい。

・申請書類を入手　→

　　　　　　　　　　　　　　　　　　　　　→　・提出

終わったら📖66ページへ

所属 ＿＿＿＿＿＿＿＿＿＿＿＿＿＿＿＿　　　年　　月　　日

学籍番号 ＿＿＿＿＿＿＿＿＿　氏名 ＿＿＿＿＿＿＿＿＿

21 Japanese Expressions

| 実践編　第21章 | 奨学金を申請する |

【課題3】

3-1　奨学金申請に関わる文章のうち、「経済的事情に関することがら」「能力・意欲に関することがら」について、思い付くことを、下記の〈例〉も参考に書いて下さい。※「経済的事情に関することがら」については、（自分に当てはまらないことを）想像で書いても結構ですし、思い付かなければ書かなくても構いません。また、どちらの項目についても、〈例〉と重複する箇所があって構いません。

	具体的な事項	提出すべき・提出可能な書類
経済的事情に関することがら		
〈例〉今年度急な支出	台風で300万円程度の被害を受けた	被災証明書・領収書等
能力・意欲に関することがら		
〈例〉高校時代勉強をがんばった 〈例〉将来は〇〇を目指している	数学の成績が3年間ほとんどA評価 特に△△等の科目をがんばっている	高校の成績証明書 （可能であれば大学の成績証明書等）

3-2　3-1に基づき、下記の、「奨学金申請の理由（経済的事情・将来への抱負等）」欄に文章を書いて下さい。※3-1で経済的事情に関することがらを書いていない人は、能力・意欲に関することがらだけを材料に書いても構いません。

奨学金申請の理由（経済的事情・将来への抱負等）

＿＿＿＿＿＿＿＿＿＿＿＿＿＿＿＿＿＿＿＿＿＿＿＿＿＿＿＿＿＿＿＿＿＿
＿＿＿＿＿＿＿＿＿＿＿＿＿＿＿＿＿＿＿＿＿＿＿＿＿＿＿＿＿＿＿＿＿＿
＿＿＿＿＿＿＿＿＿＿＿＿＿＿＿＿＿＿＿＿＿＿＿＿＿＿＿＿＿＿＿＿＿＿
＿＿＿＿＿＿＿＿＿＿＿＿＿＿＿＿＿＿＿＿＿＿＿＿＿＿＿＿＿＿＿＿＿＿
＿＿＿＿＿＿＿＿＿＿＿＿＿＿＿＿＿＿＿＿＿＿＿＿＿＿＿＿＿＿＿＿＿＿

終わったら　67ページへ

所属＿＿＿＿＿＿＿＿＿＿＿＿＿＿＿＿＿　　　年　　月　　日

学籍番号＿＿＿＿＿＿＿＿＿　氏名＿＿＿＿＿＿＿＿＿＿＿

22
Japanese Expressions

| 実践編　第22章 | 逆算して計画を立てる |

【課題1】　テキスト68ページに示したものは、就職活動・大学院受験の流れの一例です。これをもとに、どの時期にどのような準備や対策を始めるべきか、計画を考えましょう。※就職活動・大学院受験両方の計画を考えても構いませんし、どちらか一方だけでも構いません。各自、書けるところから書いて下さい（現在3年生であれば、1・2年生の欄は空白で結構です）。

	20＿＿年（1年次）	20＿＿年（2年次）	20＿＿年（3年次）	20＿＿年（4年次）
4月				
5月				
6月				
7月				
8月				
9月				
10月				
11月				
12月				
1月				
2月				
3月				

終わったら　68ページへ

【課題2】　【課題1】で書いた準備・対策について、ポイントアドバイス1やクラスメートの解答を参考にして、十分かどうか検討し、不足する部分があると思った場合は、赤で付け足して下さい。

終わったら　69ページへ

【課題3】　【課題1】や【課題2】で書いた準備・対策について、それぞれどのくらいの期間を要することになりそうか考えて書いて下さい。目安で結構です。できた人は、クラスメートと見せ合って、自分の考えている準備・対策期間が妥当かどうか話し合ってみましょう。

- （例）大学院について調べる　（期間：　2週間　　　）
- 　　　　　　　　　　　　　（期間：　　　　　　　）
- 　　　　　　　　　　　　　（期間：　　　　　　　）
- 　　　　　　　　　　　　　（期間：　　　　　　　）
- 　　　　　　　　　　　　　（期間：　　　　　　　）

- 　　　　　　　　　　　　　（期間：　　　　　　　）
- 　　　　　　　　　　　　　（期間：　　　　　　　）
- 　　　　　　　　　　　　　（期間：　　　　　　　）
- 　　　　　　　　　　　　　（期間：　　　　　　　）
- 　　　　　　　　　　　　　（期間：　　　　　　　）

終わったら　69ページへ

所属 _____   ____ 年 ____ 月 ____ 日

学籍番号 _____   氏名 _____

22
Japanese Expressions

> **実践編　第22章** ▶ 逆算して計画を立てる

【課題４】　これまでの課題をふまえ、それぞれの準備・対策について、「いつ（いつからいつまで）」「具体的に何をするか」まで考え、行動を起こす日付も入れて、もう一度計画を立ててみて下さい。

	20___年（1年次）	20___年（2年次）	20___年（3年次）	20___年（4年次）
4月				
5月				
6月				
7月				
8月				
9月				
10月				
11月				
12月				
1月				
2月				
3月				

終わったら 70ページへ

所属　　　　　　　　　　　　　　　　　　　年　月　日

学籍番号　　　　　　　　　氏名

実践編　第23章 ▷ メールを書く

23
Japanese Expressions

【課題1】 〈生命科学Ⅰのレポートの提出日当日に、通学電車が事故で止まってしまい、レポート提出締切時刻に間に合いそうもないため、授業の担当教員に、電車の中から携帯でメールを送る〉という設定でメールを送る場合、どのようなメールが望ましいでしょうか。望ましいと思うメールを作成して下さい（示された情報以外は自由に設定して下さい）。

件名：

終わったら 71ページへ

【課題2】 明解君のメールを参考にして、自分のメールのよい点と改善すべき点をまとめてみましょう。

よい点

改善すべき点

終わったら 72ページへ

所属　　　　　　　　　　　　　　　　　　　　　年　　月　　日

学籍番号　　　　　　　　　　　　氏名

23
Japanese Expressions

実践編　第23章　メールを書く

【課題3】　次のA・Bのどちらかを選んで挑戦してみましょう。

【A】〈あなたは大学の環境サークルの代表です。環境サークルでは「大学生と環境問題」というシンポジウムを企画し、他の5大学の環境サークルにも発表をしてもらうことになりました。〉この設定で、他大学のサークル代表5名に、発表資料原稿を郵送か添付ファイルで送ってもらうことをお願いし、発表の際にパワーポイント等の機器を使用するか否かを尋ねる一斉メールを作成して下さい（示された情報以外は自由に設定して下さい）。

【B】❶【A】と同じ設定でメールを作成して下さい。
❷ペアの人と、お互いのメールが分かりやすかったかどうか、内容や表現について話し合い、コメントを書き加えて下さい。

取り組んだ課題に○を付けて下さい　【　A　・　B　】

件名：

終わったら 72ページへ

所属

学籍番号　　　　　　　　氏名

年　　月　　日

24
Japanese Expressions

実践編　第24章　手紙を書く１

【**課題１**】　〈目上の親戚から大学入学祝いのプレゼントをもらったので、お礼の手紙を書く〉という設定で、手紙の文面を書いて下さい。親しみを重視したくだけた形ではなく、一定の礼儀を保ったスタイルで書くものとし、また、封書に手書きで書くものとします（示された情報以外は自由に設定して下さい）。現時点での知識を確認する意味も含めて、サンプル等は見ないで書いて下さい。

終わったら 74ページへ

所属　　　　　　　　　　　　　　　　　　　　　　　　　　　年　　月　　日

学籍番号　　　　　　　　　氏名

24 Japanese Expressions

| 実践編　第24章 | 手紙を書く1 |

【課題２】　テキストの説明をふまえ、【課題１】で書いた手紙を、文面・レイアウト等に注意しながら、新たに書き直して下さい。

終わったら 76ページへ

所属		年　月　日	**24**
学籍番号	氏名		Japanese Expressions

実践編　第24章　手紙を書く１

【課題３】　次のＡ・Ｂのどちらかを選んで挑戦してみましょう。

【Ａ】　以下のような条件で、「自分が関わるイベントにいらっしゃいませんか」と誘う手紙を書いて下さい。

　　・誘う相手は、大学の先輩。
　　・「自分が関わるイベント」がどのようなもので、どのように関わるかは自由に考えて決めて下さい。
　　　〈例〉「イベント＝コンサート、どのように関わるか＝演奏する」「イベント＝バザー、どのように関わるか＝運営者」等。
　　・その他、書かれていない条件については自由に設定して下さい。
　　※書ききれない場合は別紙に続きを書いて下さい。【Ｂ】の課題は次ページにあります。

取り組んだ課題に〇を付けて下さい　【　Ａ　・　Ｂ　】

所属	年　月　日

学籍番号	氏名

24 Japanese Expressions

実践編　第24章　手紙を書く1

【B】
❶ 【A】の課題を行って下さい。解答は前ページの解答欄に書いて下さい。
❷ ペアの人とシートを交換し、【A】の手紙を受け取った先輩の立場に立って、以下の解答欄に返事の手紙を書いてみて下さい。※書ききれない場合は別紙に続きを書いて下さい。

所属 ＿＿＿＿＿＿＿＿＿＿＿＿＿＿＿＿＿＿＿　　　年　　　月　　　日

学籍番号 ＿＿＿＿＿＿＿＿＿＿＿＿　氏名 ＿＿＿＿＿＿＿＿＿＿＿＿＿＿

25 Japanese Expressions

実践編　第25章　手紙を書く2

【課題1】

1-1 テキスト77ページの〈設定〉のもと、誰に頼んでみたいか、候補者を考えて下さい。

1-2 手紙の読み手（候補者）が諾否を検討するときに必要な情報はどのようなものか、テキストの記述も参考にしながら挙げて下さい。

-
-
-
-
-

終わったら 78ページへ

【課題2】
自分がその人に対し、「是非ともお願いしたいのです」という熱意を伝えるためには、どのようなことを書いたらよいのか考え、その部分の文章を書いて下さい（下書き段階なので横書きで結構です）。

終わったら 78ページへ

所属　　　　　　　　　　　　　　　　　　　　　　　年　　月　　日

学籍番号　　　　　　　　　　氏名

| 実践編　第25章 | 手紙を書く２ |

25 Japanese Expressions

【課題３】 これまでの課題（24章の課題も含む）をふまえ、学園祭での講演を依頼する手紙全文を完成させて下さい。
※書ききれない場合は別紙に続きを書いて下さい。なお、こちら側の連絡先は架空のものにして下さい。

終わったら 79ページへ

所属 _____   年　月　日

学籍番号 _____   氏名 _____

26 Japanese Expressions

> 実践編　第26章　上手なインタビューをする

【課題1】　OBOG訪問をするとします。あなたは企業で働いている先輩（自分と同性）にどのようなことを聞いてみたいですか。具体的なこと、抽象的なこと、失礼な質問で実際には聞けないこと、何でもよいので、できるだけ挙げて下さい。

- _____
- _____
- _____
- _____
- _____
- _____
- _____
- _____
- _____
- _____

終わったら 📖 80ページへ

【課題2】　【課題1】で書いた質問事項のうち、その人に聞かなければ分からないことに赤で○を付けて下さい。実際には失礼で質問できないなと思うものには赤で×を付けて下さい。また、OBOGに聞くまでもなく、事前に調べることができそうだと思う項目には赤で△を付けて下さい。△を付けたものについては、何を見れば事前に調べることができそうか、以下の□欄に書いて下さい。

終わったら 📖 80ページへ

69

所属　　　　　　　　　　　　　　　　　　　　　　　年　　月　　日

学籍番号　　　　　　　　　　　氏名

26
Japanese Expressions

| 実践編　第26章 | 上手なインタビューをする |

【課題３】　次の質問を〈例１〉〈例２〉にならって、より有意義で適切なものに書き直して下さい（実際に、自分が質問するつもりで考えて下さい。質問を考える際に、会社の情報や条件等が必要であれば、各自で想定して下さい）。

〈例１〉仕事はどうですか　→　仕事をしていて、一番辛かったことと、一番、充実しているなと感じたことを教えて頂けますか。

〈例２〉○○業界のことをもっと知りたいのですが、どんな本を読めばよいでしょうか　→　これまで、××、△△、□□、という本を読んでおりまして、また、今後、◇◇、▽▽という本を読む予定です。私は、○○業界のことを、どうしても、もっと知りたいと思うので、この他に何かおすすめの本がありましたら、是非、教えて頂けますでしょうか。

・ぶっちゃけ、この会社、どうですか　→

・御社のウリは何ですか　→

・新入社員の希望者対象に語学研修制度があると伺ったのですが本当ですか。私もその制度を利用したいのですが　→

・女性が長期間働ける職場ですか　→

終わったら　81ページへ

【課題４】　石坂さんのインタビューの中で、よいと思う点をクラスメートと話し合って、□欄に書いてみましょう。それが終わったら、もっと工夫できる点があるかどうか話し合ってみましょう。

所属	年　月　日
学籍番号　　　　氏名	

27 Japanese Expressions

実践編　第27章 エントリーシートを作成する

【課題1】　テキスト83〜84ページの〈例1〉〈例2〉は、いずれも「これまでに一番力を入れて取り組んだことと、そこから学んだことや、その経験から身に付けたことを説明して下さい」という項目の記入例ですが、〈例2〉の方がエントリーシートの記入例として適切であると考えられます。〈例2〉のよい点を〈例1〉と比較しながら挙げて下さい。

終わったら 85ページへ

【課題2】　次の項目についてそれぞれ答えて下さい（ノート等に記入して下さい）。それをもとに、自分をアピールするためのキーワードを3つ挙げて下さい。また、就きたい仕事に就くために、あるいは、なりたい10年後の自分を実現するために、これから取り組みたいことを挙げて下さい。

❶　小中高校時代はそれぞれどのような人物だったか。それを示すエピソードは。
❷　長所は何か。それを示すエピソードは。
❸　短所は何か。それを示すエピソードは。
❹　好き・得意な科目は何か。どうしてその科目が好き・得意なのか。
❺　嫌い・苦手な科目は何か。どうしてその科目が嫌い・苦手なのか。
❻　卒業論文やゼミのテーマは何か。なぜそのテーマを選んだのか。
❼　サークルに入っているか。入っている人→サークルで得たものは。入っていない人→なぜ入っていないのか。
❽　アルバイトをしているか。している人→そこで得たものは。していない人→なぜしていないのか。
❾　趣味は何か。なぜそれが好きなのか。
❿　今までで一番がんばったこと・今がんばっていることは何か。
⓫　今までに苦労したこと・失敗したことは何か。それをどのように乗り越えたか。
⓬　どのような仕事に就きたいか。それはなぜか。
⓭　その仕事に就くために努力していることは何か。
⓮　最近起きた事件などニュースの中で、関心のあることは何か。なぜそのニュースに関心を持ったか。
⓯　10年後はどのようになっていたいか。また、そこから逆算して5年後の自分、2年後の自分はどうあるべきか。

自分をアピールするためのキーワード　　　　これから取り組みたいこと

終わったら 85ページへ

所属	年 月 日
学籍番号　　　　　氏名	

27
Japanese Expressions

実践編　第27章　エントリーシートを作成する

【課題３】　次のA・Bのどちらかを選んで挑戦してみましょう。
【A】　次の項目は、エントリーシートの一部です。【課題２】で分析したことをもとに、その項目について記入して下さい。
【B】　❶【A】の課題を行って下さい。
　　　 ❷ ペアを組んで、作成した内容を読み合い、よい点と改善すべき点を話し合って下さい。指摘されたことや、今後注意したい点等を、□欄に記入して下さい。

取り組んだ課題に○を付けて下さい　【　A　・　B　】

・一番力を入れて取り組んでいることは何ですか。

所属	年　月　日
学籍番号　　　　　氏名	

> **実践編　第28章** 面接のコツを学ぶ

28
Japanese Expressions

【課題1】　テキスト86～87ページの〈例1〉と〈例2〉は自己PRの例です。どちらの例も、話題を1つに絞り込んでおり、その点で分かりやすいのですが、2つを比べると、〈例2〉の方がより好ましい自己PRと言えるでしょう。〈例2〉の方が好ましいと思われる理由を、ナビゲート1を参照して、少なくとも4つ考えて書いて下さい。

終わったら 88ページへ

【課題2】

2-1　以下の空欄に、あなたの長所を書いて下さい。

私は　　　　　　　　　　　　　　　　　　　　　　　　　　　　ということに自信があります。

2-2　あなたの長所が分かるエピソードをできるだけ具体的に書いて下さい。

次ページへ続く

所属	年　月　日
学籍番号　　　　氏名	

実践編　第28章 ▷ 面接のコツを学ぶ

28
Japanese Expressions

2-3　あなたの長所は、仕事をする上で、どのように役立つと考えられますか。どのようなことでも構わないので書いてみて下さい。

　　　　　　　　　　　　　　　　　　　　　　　　　　　　　　　　　　　　　　　終わったら 📖 88ページへ

👥 **【課題3】**　上記の【課題2】で書いたことをもとにして、クラスメートに90秒程度で自己PRをしてみましょう。自己PRが終わったら、クラスメートから感想を聞いて、以下に書き込んで下さい。自己PRを聞く側は、ナビゲート3を参照して、自己PRを聞き、感想を伝えて下さい。終わったら、役割を交代して下さい。

所属	年　　月　　日
学籍番号　　　　氏名	

29
Japanese Expressions

実践編　第29章 ▶ 小論文を作成する

【課題1】　テキスト89〜90ページの〈小論文例〉における、「社会の実態」と、「それに対する意見・提言」の概要をまとめて下さい。

実態

意見・提言

終わったら 📖 90ページへ

【課題2】　テキスト89〜90ページの〈小論文例〉において、（自分が書くとすれば）調べないと分からない情報はどれか、以下に記して下さい。

終わったら 📖 90ページへ

【課題3】　以下のテーマ候補の中から1つをテーマとして選び、800字以内の小論文を書くつもりで、「実態」と「意見・提言」からなる組み立てプランと、「支えになる（支えになる可能性のある）情報」を記して下さい。
※組み立てプランにおける「実態」と、「支えになる（支えになる可能性のある）情報」の部分は、重複が多くても構いません。
※「支えになる（支えになる可能性のある）情報」については、PCのインターネットか携帯電話のモバイルサービスを使って調べて下さい。携帯電話のモバイル機能しか使えず、検索の見当が付きにくい場合は、まずはweblioを手がかりにして下さい（weblioのURLは、テキスト91ページ、＊1にあります）。

テーマ候補：「環境問題」「環境ビジネス」「国際交流」「国際貢献」「地方分権」「首都移転」「教育問題」「学力低下」「観光立国」

次ページへ続く

所属　　　　　　　　　　　　　　　　　年　　月　　日

学籍番号　　　　　　　　　氏名

29
Japanese Expressions

実践編　第29章　小論文を作成する

テーマ

組み立てプラン

実態

意見・提言

支えになる（支えになる可能性のある）情報

終わったら　91ページへ

【課題4】　次のA・Bのどちらかを選んで挑戦してみましょう。

【A】【課題3】で作成した組み立てプランと情報を元に、自分の体験等も加えながら、800字以内で小論文を書いてみて下さい。
※原稿用紙等の別紙を用意してそれに書いて下さい。

【B】ペアを組み、ペアになった人と【課題3】を交換して検討し、それぞれの「よいと思った点」「改善した方がよいと思った点」「さらに調べておくと役に立つかもしれない点（情報）」等についてコメントし合い、もらったコメントを、以下の☐欄に書いて下さい。

取り組んだ課題に○を付けて下さい　【　A　・　B　】

| 所属 | | 年　　月　　日 |

学籍番号　　　　　　　　　　　氏名

30
Japanese Expressions

> 実践編　第30章　企画書を書く

【課題1】　〈所属サークル数約50、会員総数約800人の三省大学サークル連合会。これまでサークル間の交流が少なかったので、サークル間の交流を盛り上げるため、有志がパーティ・スポーツ等の懇親イベントを企画し、連合会に許可をもらうための企画書を書きたい。〉この設定で、懇親イベントを企画し、以下の〈参考例〉も見ながら、企画書に必要な項目・内容を、できるだけ多く書き出してみて下さい（示された情報以外は自由に設定して下さい）。

〈参考例〉〈大辞林大学有志と近隣住民とでマラソン大会を企画する〉という場合

大辞林大学・近隣市民マラソン大会　企画書	
項目	内容
1　概要	大辞林大学学生・近隣住民を中心に、春にマラソン大会を行う。〇〇年4月20日を第1回とし、できれば来年以降も行いたい。
2　主催者（責任者）	坂田　一郎　　大辞林大学　社会学部3年次

※分量的に書ききれない場合は一部省略して結構です。
※予備欄（番号のない欄）に項目を加えても構いません（横罫線を入れて複数の欄にしても可）。

　　　　　　　　　　　　　　　　　　　　　　　　　　　　　年　　月　　日
　　　　　　　三省大学サークル連合〔　　　　　　　　〕企画書

項目	内容
1　概要	
2　主催者（責任者・起案者・立案者）	
3　企画の背景・意義等	
4　時期	
5　日程詳細	

次ページへ続く

所属 ＿＿＿＿＿＿＿＿＿＿＿＿＿＿＿＿＿　　　＿＿＿年　＿＿月　＿＿日

学籍番号 ＿＿＿＿＿＿＿＿＿＿＿　氏名 ＿＿＿＿＿＿＿＿＿＿＿＿＿＿＿

30
Japanese Expressions

実践編　第30章　企画書を書く

6	会場等	
7	スタッフ・参加者等	
8	経費等	
9	関連許可等	
10	準備状況	
11	連絡先	

終わったら 92ページへ

【課題2】　【課題1】で企画した懇親イベントの企画書の添書を、サークル連合会長宛に書いて下さい。

終わったら 94ページへ

78

所属		年　　月　　日
学籍番号	氏名	

30
Japanese Expressions

> **実践編　第30章** ▷ 企画書を書く

【**課題３**】　次のA・Bのどちらかを選んで挑戦してみましょう。

【A】　本を1冊出版する企画を立て、下記に記入する形で企画書を書いて下さい。※編者・著者名、編著者のプロフィール等は架空のものでも結構です。

【B】　❶【A】を行って下さい。
　　　❷ペアになって、作成した企画書を交換し、コメント（企画・企画書の書き方のよい点、問題となりそうな点、さらにあった方がよいと思う情報等）をもらい、次ページのコメント欄に書いて下さい。

1	起案者（企画責任者）		起案日	年　　月　　日
2	企画趣旨（背景・意義・狙い等）　※内容の一部が5・6等と重複しても可			
3	書名			
4	編者・著者名（プロフィールも）			
5	企画内容			
6	販売対象（ターゲットとする読者層）			
7	予定ページ数			
8	本体予定価格［　　　　　　］　　9　年間販売目標部数［　　　　　　］			
10	編集日程 　編集開始　　　　　　　　　　　　［　　　年　　月　　日］ 　原稿入手　　　　　　　　　　　　［　　　年　　月　　日］ 　校了（完全原稿を印刷所に入れる）　［　　　年　　月　　日］ 　発行（校了2か月後ぐらいを設定）　［　　　年　　月　　日］			

次ページへ続く

79

所属 _____　　　　年　　月　　日

学籍番号 _____　氏名 _____

30
Japanese Expressions

| 実践編　第30章 | 企画書を書く |

11　デザイン等（色の指定等もしてみて下さい）

　　サイズ [　　B5判　　A5判　　B6判　　新書判　　文庫判　　その他（　　　　　　　　）]

　　※横組み左開きの場合は、「おもて」「うら」が逆になります。

　　　　　　　　表紙おもて　　　　　　　背表紙　　　　　　　表紙うら

コメント欄

_____
_____
_____
_____